LE ROLE DE LA FRANCE

❦

43 Ans de Politique
Pacifique et Conciliante
envers l'Allemagne

1871-1914

Par Pierre ALBIN

Prix : 50 centimes

BORDEAUX

IMPRIMERIE G. DELMAS

6, place Saint-Christoly, 6.

1914

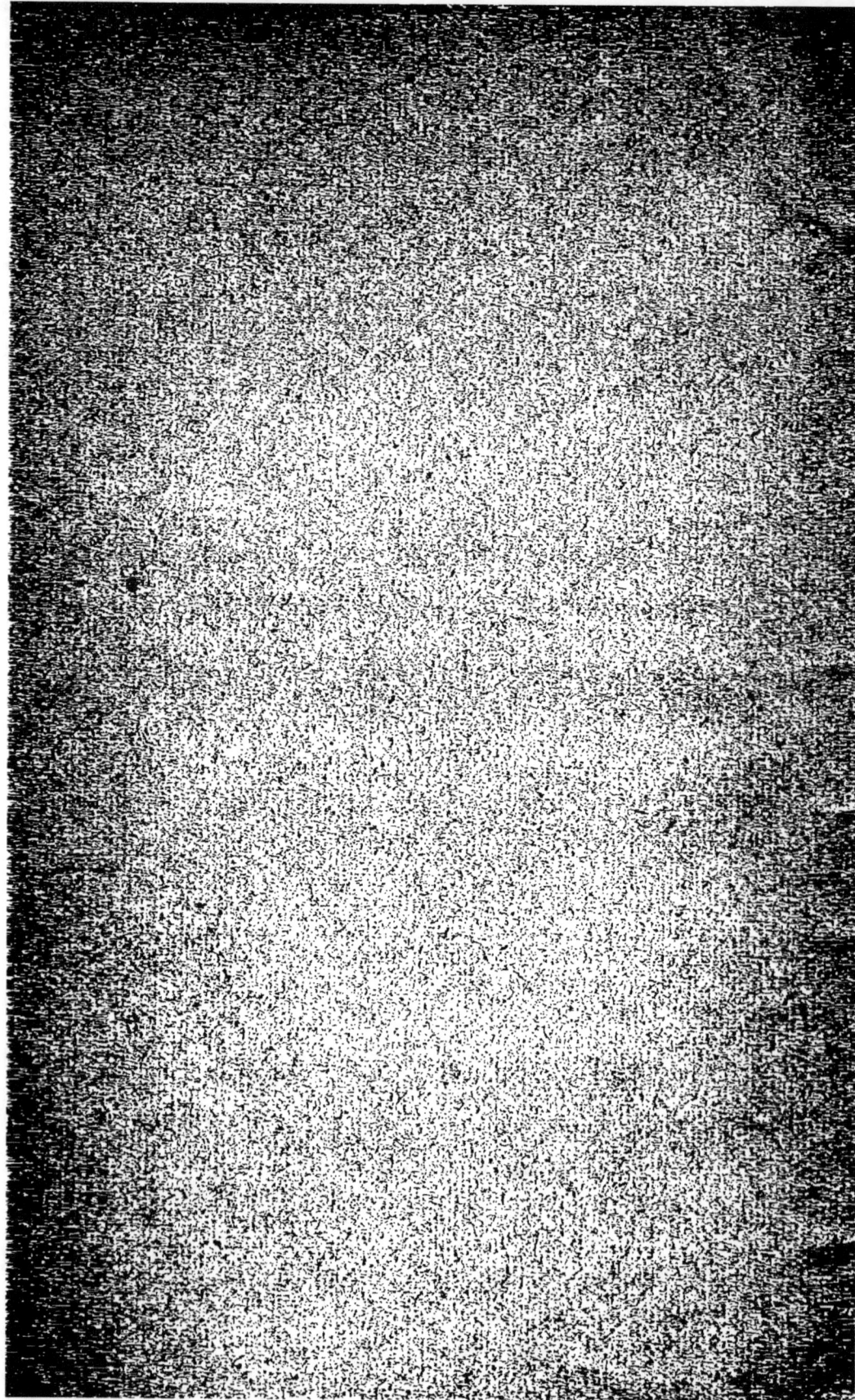

43 ans de Politique Pacifique

1.

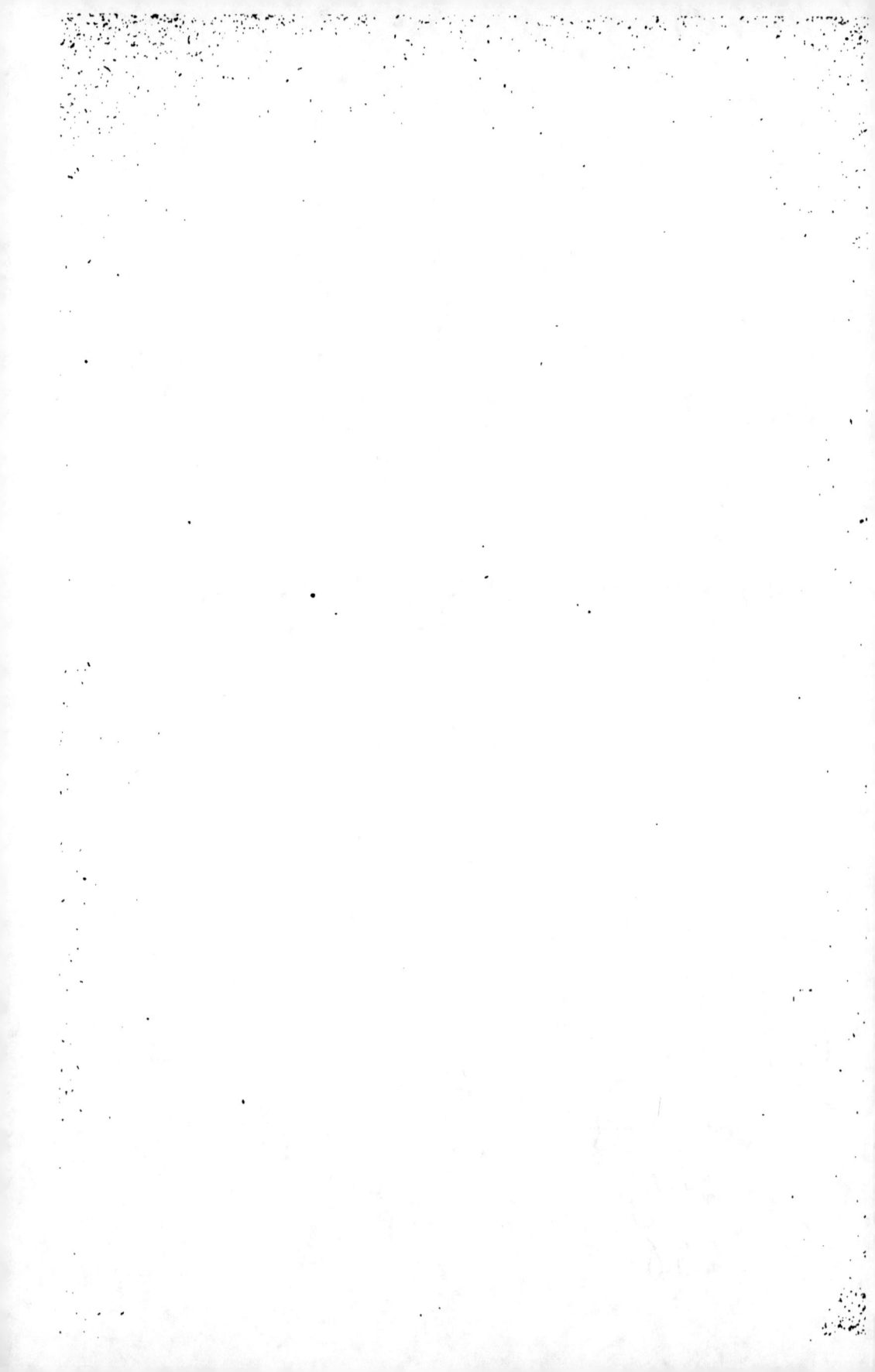

Ces brèves pages d'histoire contemporaine, desti-
nées à faire connaître le rôle pacifique de la France
sont publiées sous le haut patronnage de

M. Ernest LAVISSE, Membre de l'Académie française,
Directeur de l'Ecole normale supérieure,

qui déclare en approuver le fond et la rédaction.

TABLE DES MATIÈRES

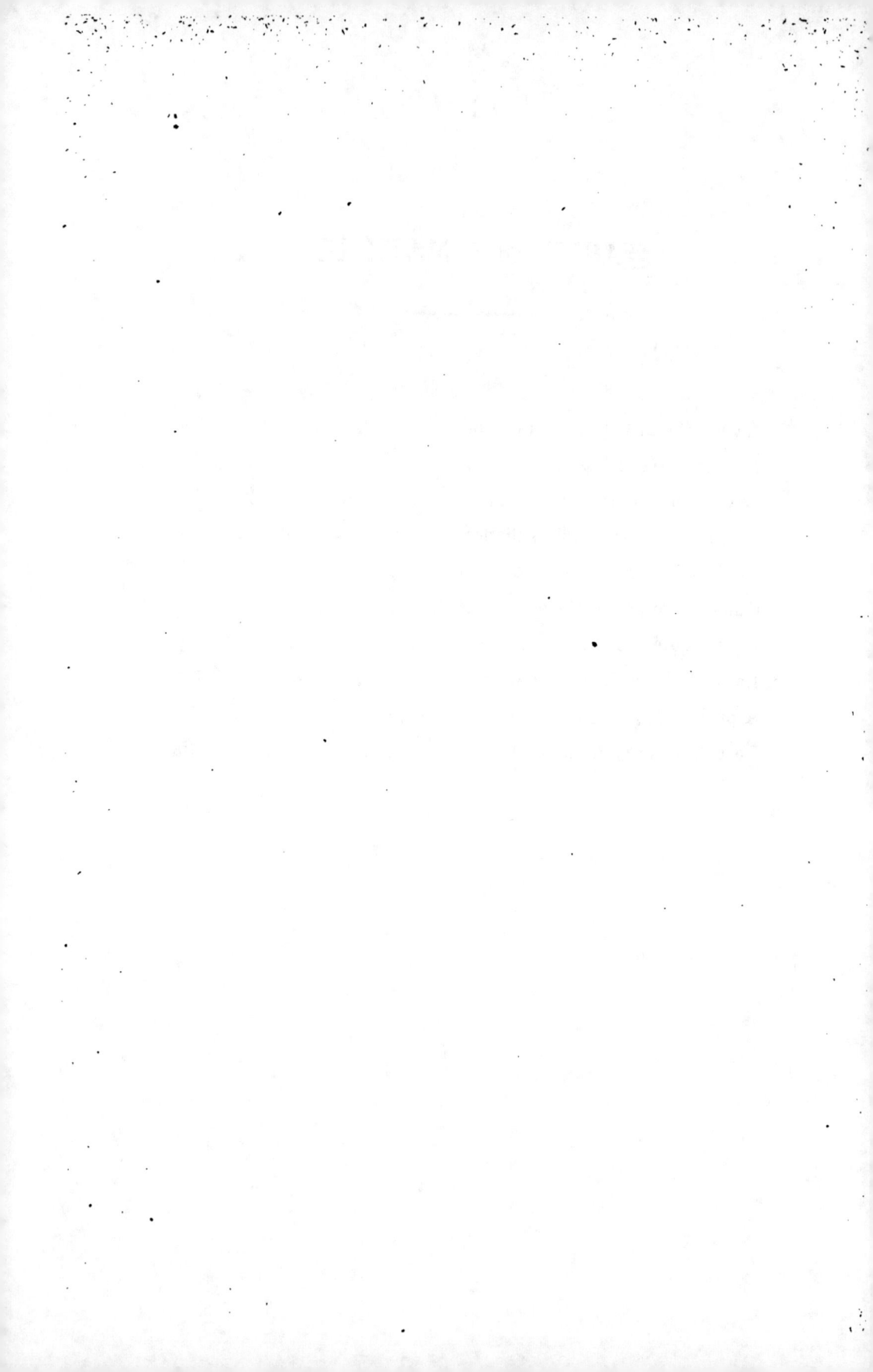

43 ans de Politique

Pacifique et Conciliante

Dans le manifeste qu'il adressait à la nation française, à la veille de la guerre, M. R. Poincaré, Président de la République, rejetait sur l'Empire allemand « l'écrasante responsabilité » du sang qui allait être versé.

L'opinion publique mondiale, dont les sympathies pour la France se sont déjà manifestées à de si fréquentes reprises, doit être convaincue que l'histoire ratifiera ce jugement du Président Poincaré.

Mais cette conviction ne doit pas s'appliquer seulement aux évènements qui ont précédé immédiatement le conflit.

L'opinion, chez les Etats neutres, doit aussi savoir que depuis cette victoire de 1870, dont elle semblait surtout fière parce qu'elle l'avait remportée sur la France, et qu'elle invoquait avec ostentation dans toutes les manifestations de sa vie internationale, l'Allemagne n'a jamais rencontré du côté français, à côté d'une volonté légitime d'indépendance et de dignité, que des intentions pacifiques continues et un désir sincère d'entente et de conciliation.

Quelques faits précis et quelques citations répondront mieux que de longs commentaires aux accusations et aux récits tendancieux par lesquels la presse et les publications allemandes essaient d'égarer l'opinion à ce sujet.

La France et l'Empire allemand.

La fondation de l'unité allemande n'a soulevé, en principe, du côté français, aucune opposition. Il y a même eu, avant 1870, des Français pour soutenir, de bonne foi, que la France devait y coopérer. Mais la proclamation de l'Empire allemand fut faite à Versailles, le 18 janvier 1871, à la suite d'événements que tout le monde connaît et le traité de Francfort, qui mit fin, le 10 mai suivant, à la guerre franco-allemande, consacra le démembrement du territoire français; deux provinces françaises : l'Alsace et la Lorraine, furent arrachées à la mère-patrie, contre le gré de leur population.

Il y a donc eu d'abord, à l'origine de l'unité allemande, un abus criant de la force. Vainement, les historiens allemands prétendent-ils que les Alsaciens sont Allemands. Ils confondent ainsi la notion déjà obscure de race avec celle de nationalité et négligent de rappeler que deux siècles d'union politique avaient fait de tous les Alsaciens et de tous les Lorrains des Français au même titre que les Basques, les Catalans ou les Savoyards.

Ce démembrement a mis en outre la France dans une situation géographique et militaire particulière qu'il ne faut pas oublier et dont la connaissance est capitale pour une juste appréciation des rapports franco-allemands.

La frontière déterminée par le traité de Francfort était en effet tracée de telle manière — à la suite des exigences du parti militaire prussien de 1871 — qu'elle plaçait la France, au point de vue militaire, dans un état *d'infériorité naturelle permanente*, à l'égard de l'Empire allemand. La *position* de *défensive défavorable*, telle était la part de la France ; *la faculté d'attaquer* dans des conditions avantageuses était réservée à l'Allemagne. L'état-major allemand avait résumé cette situation dans une formule qui exprimait toute sa pensée : *Metz à l'Allemagne*, disait-il, *c'est un pistolet sur la tempe de la France*.

Si l'on se rappelle que cette fondation, dans de pareilles conditions, de l'Empire allemand, suivait à quatre ans de date seulement l'écrasement de l'Autriche à Sadowa, on peut deviner, d'ores et déjà, à quelles tendances naturelles la politique française et la politique allemande allaient obéir : celle-ci, toujours plus entraînée par le sentiment de la force, demandera à l'usage de cette force, ou à la menace, des avantages que celle-là s'efforcera de lui accorder ou de lui refuser, suivant qu'ils seront compatibles ou non avec sa dignité et ses nécessités vitales.

2.

La Défensive imposée.

Le traité de Francfort signé, la France l'exécuta loyalement. Le gouvernement impérial allemand prit possession des provinces cédées, dont le sort fut réglé par le Parlement d'Empire, sans la moindre ingérence du côté français. L'indemnité de guerre de *cinq milliards*, stipulée au profit de l'Allemagne, fut payée avant les diverses échéances fixées, de telle sorte que dès 1873, la France fut en droit d'exiger l'évacuation de son territoire par les troupes allemandes d'occupation.

La guerre de 1870 ainsi *liquidée*, les deux nations belligérantes reprenaient chacune leur liberté, c'est-à-dire l'exercice de leur souveraineté respective. Le passé de la France, sa situation présente dans le monde, faisaient à son gouvernement le devoir d'en reconstituer les forces économiques et militaires, de manière à lui assurer, *dans le respect du traité de paix signé avec l'Allemagne,* sa pleine indépendance, sa dignité et l'évolution légitime de sa vie nationale en Europe et hors d'Europe.

C'est ce qu'il a fait pendant quarante-trois ans, avec une application attentive et une patience inlassable, qui n'ont été qu'à de rares intervalles payées de retour par le gouvernement allemand.

La libération de son territoire achevée, le gouvernement français soumit aux Chambres les premiers

projets destinés à assurer la reconstitution de son
armée. C'était là, non seulement son droit, mais son
devoir. A cet égard, les assurances du gouvernement
français autant que la supériorité de fait et l'avance
écrasante que lui donnait sa victoire récente enlevaient
à l'Allemagne tout sujet de crainte : la France, par la
nature même des choses, ne pouvait préparer et ne
préparait en effet que *sa défense éventuelle.*

Le gouvernement impérial, s'efforçant de jeter la
suspicion sur les intentions de la France, ne l'entendit
cependant point ainsi. Tolérant ou favorisant même
une campagne systématique de la presse allemande,
il laissait s'accréditer dans l'opinion publique de son
pays, afin qu'elle se propageât au dehors, la pensée
que la France préparait une agression contre l'Allemagne.

Dès 1875, quelque temps après le vote par les
Chambres françaises d'une loi sur les cadres de l'armée, le parti militaire créait à Berlin, contre la France,
une violente agitation et parut même, un moment, sur
le point de céder aux entraînements de ce parti.

Voulut-il, alors, par une guerre préventive, s'assurer
contre le relèvement de la France, achever l'écrasement interrompu de 1870 ? C'est une question à
laquelle l'histoire répondra.

Ce qui est certain, ce que les hommes de bonne foi
de tous les pays peuvent dégager des documents
publics allemands eux-mêmes, c'est que toutes les
lois militaires proposées par le gouvernement impérial aux autorités législatives ont eu pour but —

l'exposé de leurs motifs et les débats publics en font foi — d'assurer au nouvel Empire *une supériorité militaire telle que l'existence de la France, son indépendance et sa dignité fussent toujours à la discrétion de l'Allemagne.*

Il n'y a, pour s'en convaincre, qu'à rappeler, dans leur ordre chronologique, les grandes lois militaires votées successivement par le Parlement allemand, depuis la fondation de l'Empire.

En 1871, les articles 57, 59 et 60 de la Constitution de l'Empire avaient fixé, avec la durée et les obligations du service militaire, le chiffre des effectifs, et, cette même année, ce chiffre avait été consolidé pour une durée de trois années : il devait atteindre 401.059 hommes.

La France ayant, dès 1872 et 1873, et pour ne pas rester sous le coup de la menace, réorganisé ses cadres, l'état-major allemand demande en 1874, au Reichstag, qui acquiesce, le vote d'un premier *septennat.*

En 1881, deuxième septennat, fixant l'effectif à 427.274 hommes jusqu'au 31 mars 1888.

Quelques années s'écoulent. La France a réparé ses blessures. Elle a conquis la Tunisie et le Tonkin (avec l'assentiment de l'Allemagne, comme on le verra tout à l'heure). Pour qu'elle ne demeure pas en état d'infériorité trop marquée sur le continent vis-à-vis de l'Allemagne, le gouvernement français dépose sur le bureau des deux Chambres un nouveau projet de loi militaire sur le service obligatoire de trois ans. Ce projet s'enlise dans la procédure parlementaire. Peu importe! M. de Bismarck en fait état pour demander, à la fin de 1886, le vote d'un nouveau septennat. L'opinion publique allemande paraissant rétive, il fait appel à des arguments historiques étranges : il évoque le moyen âge, le temps des trois évêchés de Toul, Metz et Verdun. Il affirme à la tribune du Reischtag, au mois de janvier, que la France ne pense qu'à la revanche.

Or, à cette même époque, le gouvernement de la République et l'immense majorité de l'opinion publique française donnent au contraire la preuve de leur sagesse et de leur attachement à la paix.

Non seulement dans son ensemble cette opinion condamne et enraye l'agitation superficielle connue sous le nom de boulangisme, mais encore le gouvernement s'attache à entretenir des rapports corrects avec l'Allemagne. C'est ainsi qu'au mois d'avril 1887, un grave incident de frontière — connu sous le nom d'affaire Schnœbelé — ayant surgi entre les deux pays voisins, le gouvernement français, d'accord avec M. Grévy, Président de la République, *donne l'ordre de dégarnir de troupes une grande partie de la frontière est de la France*. Quelques mois après, à la suite d'un autre incident de frontière survenu dans les environs de Raon-l'Etape, une attitude analogue est observée du côté français.

Au printemps de 1888, pendant le règne de trois mois de l'empereur Frédéric III, le gouvernement impérial ayant soumis le séjour des Français en

Alsace-Lorraine à un régime de police *manifestement contraire à l'esprit du traité de Francfort, le gouvernement français s'abstient de toute mesure de retorsion* à l'égard des sujets allemands qui vivent déjà alors par centaines de mille sur le territoire de la République.

On pourrait citer un grand nombre d'exemples analogues de la patience de la France au cours des années qui suivirent.

Malgré ces preuves de l'esprit pacifique de la France, la préparation de la guerre continue en Allemagne d'une manière ininterrompue et *toujours dans la même pensée que cette préparation soit telle qu'elle mette la France, militairement, à la merci de l'Allemagne.*

Le 6 février 1888, le Reichstag vote les crédits afférents à une réorganisation de la landwehr et du landsturm qui constitue une véritable militarisation de toute la population mâle valide de l'Allemagne.

Le 24 juin 1890, le chancelier de Caprivi, à son tour, dépose et fait voter par le Reichstag un nouveau projet portant accroissement des forces allemandes, et dont l'exposé des motifs contient l'aveu des projets *d'offensive brusquée de l'Allemagne :*

Les conditions de nos voisins, explique cet exposé d'après le REICHSANZEIGER, ne permettent plus de pareils affaiblissements (de l'infanterie au bénéfice de l'artillerie), et c'est pour cela que le projet prévoit un nouvel effectif. En outre, il prévoit l'élévation de l'effectif de l'infanterie et de la cavalerie en garnison sur

les frontières de l'Est et de l'Ouest, qui auraient, lors d'une déclaration de guerre, à franchir immédiatement les frontières pour s'opposer aux incursions ennemies, et cela sans attendre l'arrivée des réserves.

Le 15 juillet 1893, nouvelle loi militaire allemande. L'effectif des simples soldats, premiers soldats et caporaux est porté à 492.068 hommes. Le nombre des officiers est augmenté de 2.138 unités. Le total des effectifs atteint 557.728 hommes.

A partir de 1899 cette progression s'accentue encore.

Dans le journal le *Tag* du 9 décembre 1910, M. Erzberger, rapporteur du budget de la guerre au Reichstag, l'établit ainsi :

En 1899 : 495,910 hommes, sans les sous-officiers.
En 1905 : 505,693   d°   d°
En 1911 : 515,321   d°   d°

A ces chiffres, il faut donc ajouter, pour 1899 : 27.791 officiers et 82.582 sous-officiers; pour 1905 : 29.847 officiers et 87.071 sous-officiers; pour 1911 : 30.031 officiers et 89.446 sous-officiers.

En 1912, une loi crée deux corps d'armée nouveaux, et porte en même temps l'effectif de paix à 544.211 soldats, ce qui fait avec les volontaires d'un an 558.000 hommes, plus 95.000 sous-officiers, soit au total 653.000 hommes.

Enfin, au début de l'année 1913, le gouvernement allemand fait annoncer un dernier projet militaire encore plus grave et la *Gazette de l'Allemagne du*

Nord du 1ᵉʳ mars 1913 laisse entendre qu'il faut qu'il soit voté avant la Pentecôte et exécuté avant le 1ᵉʳ octobre.

Le 28 mars, le même journal officieux publie un résumé du projet, où se trouve le tableau suivant des effectifs proposés au Reichstag :

Soldats.	661.000
Sous-officiers	110.000
Officiers	32.000
Volontaires d'un an	15.000
Officiers assimilés et employés du cadre administratif . . .	48.000
Soit au total. . .	866.000

Et la *Gazette de l'Allemagne du Nord*, précisant le but de cette « mobilisation en pleine paix », dit :

Elle est nécessaire pour accroître les chances OFFENSIVES de l'armée, assurer facilement notre mobilisation et améliorer la valeur de nos réserves.

Dès le mois d'avril 1913, cette loi était votée et une contribution de guerre de *un milliard de marks* en assurait l'exécution.

Pendant ce temps, la France n'a modifié qu'à trois reprises son régime organique militaire, *et toujours en réponse* à une loi militaire allemande antérieure : en 1889, par l'établissement du service de trois ans, en 1905 par la *réduction* du service à deux ans (et

cela au moment des premières discussions avec l'Allemagne à propos du Maroc), et enfin le 7 août 1913,
pour parer au péril que faisait courir à sa sécurité la
récente et formidable augmentation de l'armée allemande (1).

✦❖✦

L'alliance franco=russe.

Plusieurs hommes d'Etat et publicistes allemands
ont, depuis quelques années, accusé la France d'avoir
cherché, par son alliance avec la Russie, à s'assurer
la possibilité de faire à l'Allemagne une guerre de
revanche.

Cette accusation est injustifiée.

Les conditions dans lesquelles a été conclue cette
alliance, le but qu'elle se proposait n'ont pas été seulement expliqués à plusieurs reprises par des voix
autorisées en France et en Russie, mais en Allemagne
même il a été officiellement et souvent déclaré qu'on
n'y trouvait rien de contraire aux fins légitimes et
avouées de la politique allemande.

L'alliance franco-russe est constituée par un ensemble d'accords et de conventions conclus par les deux

---

(1) Il n'a été question ici, pour abréger la démonstration, que des
effectifs. Une comparaison et une table de concordance chronologique
des armements allemands et français au point de vue du matériel, des
armes, des chemins de fer, seraient encore plus saisissantes.

gouvernements intéressés de 1891 à 1894. M. Alexandre Ribot, signataire de la déclaration du 27 août 1891, qui forme la base de l'alliance, a exposé clairement l'objet de l'alliance : *le maintien de la paix en Europe,* avec obligation pour les deux contractants de se concerter chaque fois que la paix serait menacée (1).

Ce que les deux alliés demandaient seulement en retour, c'est que ce maintien de la paix européenne fût rendu possible par le maintien d'un *certain équilibre des forces en Europe.* De quel autre moyen pouvait-on disposer pour assurer *à toutes les nations* de l'Europe l'indépendance et la dignité nécessaires à leur évolution ligitime ? Lorsqu'on se rappelle de quel poids pesait sur l'Europe, depuis 1871, la politique de M. de Bismarck, n'est-on pas obligé de convenir que l'alliance franco-russe n'était qu'une *précaution, une mesure de défense,* et non le symptôme d'intentions agressives ?

Il en était d'ailleurs tellement ainsi que dès les premiers mois qui suivirent l'accord franco-russe, l'Allemagne affecta de s'accommoder du nouvel ordre de choses.

Le 27 novembre 1891, répondant à une question de M. Bebel au sujet de la visite d'une escadre française à Cronstadt, le chancelier de Caprivi fit au Reichstag une déclaration significative à cet égard :

---

(1) Discours prononcé, le 6 avril 1911, au Sénat français par M. Alexandre Ribot. La date de l'accord diplomatique franco-russe et les conditions dans lesquelles il est ne ont été indiquées par M. de Freycinet dans le deuxième volume de ses *Souvenirs.*

On s'est montré inquiet, dit-il, parce que la flotte d'un de nos voisins s'est rendue dans le port d'un autre de nos voisins, et parce qu'on l'a reçue amicalement et en lui donnant de grandes fêtes. On donne à entendre que pareille chose ne pouvait se passer que sous ce gouvernement. Eh bien ! je l'avoue, je ne sais pas ce que nous aurions pu faire pour empêcher que d'autres gens se donnent la main les uns aux autres. Nous n'avons aucun moyen d'empêcher cela. L'entrevue de Cronstadt a tout simplement rendu visible aux yeux du monde une situation qui existait depuis longtemps.

La guerre s'est-elle rapprochée d'un pouce à la suite de l'entrevue de Cronstadt ? Je ne le crois pas. Je ne suis pas prophète. Il est possible que la guerre éclate, et que nous ayons à faire face à l'ennemi de deux côtés, mais que l'entrevue de Cronstadt donne lieu à des inquiétudes plus grandes que celles que l'on a eues jusqu'ici, je le conteste résolument. J'ai la conviction la plus ferme — ferme comme un roc — que les intentions personnelles de l'empereur de Russie sont les plus pacifiques du monde.

Cette conviction du général de Caprivi, on la retrouve, au cours des années qui suivirent, dans les paroles et dans les actes du gouvernement impérial.

Au mois d'août 1898, l'empereur Nicolas ayant convié tous les États à envoyer des délégués à une conférence chargée de rechercher les moyens de limiter les armements, le gouvernement allemand adhéra à cette généreuse proposition d'où devaient sortir les deux grandes conférences de la Haye de 1899 et de 1907.

Plus tard, le caractère pacifique de l'alliance franco-russe fut si bien apprécié en Allemagne que, même après la conclusion de cette alliance, des rapports confiants persistèrent entre les deux gouvernements russe et allemand ; que l'empereur Guillaume II, lors de ses voyages en Russie, se plaisait dans ses toasts à rendre hommage aux sentiments pacifiques de l'empereur Nicolas II, et affectait de rivaliser avec lui sur ce terrain humanitaire.

Un exemple récent montre d'ailleurs avec éloquence que l'alliance franco-russe ne pouvait être suspectée par le gouvernement allemand lui-même. d'opposer quelque obstacle que ce fût au développement de l'Allemagne en Europe et hors d'Europe :

Au mois de novembre 1910, au cours d'un voyage que l'empereur Nicolas II fit à Potsdam, les gouvernements russe et allemand arrêtèrent les termes d'un accord qui délimitait leurs zones respectives d'influence économique sur les empires de la Turquie d'Asie et de la Perse, et le chancelier de Bethmann-Hollweg, s'expliquant au Reichstag, le 10 décembre 1910, sur la portée de cet accord, put dire :

Le résultat à mentionner de cette entrevue (l'entrevue de Potsdam), c'est que les deux pays sont décidés à ne rien entreprendre qui les oppose l'un à l'autre...

... On a vu disparaître des occasions de malentendus qui existaient çà et là, et les antiques relations de confiance de la Russie et de l'Allemagne ont été affermies et fortifiées.

Comment le chancelier allemand, s'il n'avait eu connaissance du caractère pacifique de l'alliance franco-russe, aurait-il pu tenir un tel langage?

❖⟛⟛❖

La France et la Triple=Alliance.

Tout le monde connaît le groupement politique constitué par le prince de Bismarck et qui a pris dans l'histoire le nom de Triple-Alliance. D'après le texte publié du traité austro-allemand du 7 octobre 1879, et les déclarations des gouvernements intéressés, ce groupement avait pour but: le maintien du statut territorial de l'Europe établi en 1871; vraisemblablement certains engagements particuliers pris entre deux des contractants relativement à la péninsule des Balkans; enfin l'obligation pour toutes les parties de se porter réciproquement au secours l'une de l'autre, au cas où une autre puissance viendrait à prendre une attitude agressive à l'égard de l'une d'elles.

Il s'agissait donc là, d'après les déclarations de l'Allemagne, *d'un pacte défensif.*

Malgré l'usage menaçant que l'Allemagne fit souvent de la Triple-Alliance, la France l'a toujours envisagée avec libéralisme et dans un large esprit de tolérance.

C'est pourquoi, dès 1896, la France concluait amicalement avec l'Italie triplicienne, une série d'accords réglant l'importante question des rapports

économiques entre les deux pays et d'épineuses diffi-
cultés nées de l'établissement du protectorat français
en Tunisie. Avec l'Autriche-Hongrie également, la
France s'est à diverses reprises, parfaitement enten-
due sur des questions d'ordre politique ou financier
non moins délicates.

On va voir que le gouvernement français ne s'est
pas davantage refusé à des conversations et à des en-
tentes susceptibles de donner satisfaction à des intérêts
allemands, qu'il n'avait à apprécier qu'au point de vue
des intérêts et des droits acquis de la France, et sous
la seule réserve que les accords à intervenir lui lais-
sassent la pleine indépendance de sa politique générale,
de ses alliances et de ses amitiés, sauvegardes de la
paix et de sa dignité.

La Politique mondiale allemande.

Un reproche que l'on retrouve souvent sous la
plume des publicistes et dans la bouche des orateurs
allemands, c'est celui-ci : la France a mis un obstacle
systématique à l'expansion allemande dans le monde.

*C'est là une allégation absolument injustifiée,
aussi bien au point de vue économique qu'au point
de vue colonial.*

A.—Au point de vue économique, la France a eu

vis-à-vis de l'Allemagne une attitude toujours libérale, souvent même amicale.

Des centaines de milliers d'Allemands vivaient sur le territoire de la République (120.000 à Paris), et y occupaient des situations souvent très avantageuses dans le monde financier ou commercial. Il en était ainsi, malgré des inconvénients manifestes, même à la frontière de l'est : 40.000 Allemands gagnaient leur vie dans un seul des arrondissements du département de Meurthe-et-Moselle.

De nombreux sujets allemands et sociétés allemandes ont obtenu en France d'importantes concessions minières. Dans l'arrondissement de Briey seulement, la superficie totale de ces concessions s'élevait à 9.000 hectares environ ; en voici d'ailleurs, telle qu'elle a été établie par une publication technique allemande, la liste complète avec le nom des localités, la superficie et le nom des bénéficiaires de chacune d'elles :

JARNY : 812 hectares (Hoerde, Phoenix Haspe) ; **MURVILLE** : 496 hectares (Aumetz-Friede) ; **SAINT-PIERREMONT** : 917 hectares (Gelsenkirchen) ; **ERROUVILLE** : 948 hectares (Lux-Bergwerke Saarbrücken Eisenhütten A. G.) ; **SERROUVILLE** : 720 hectares (Rumelinger und Sankt Ingberter Hochofen A. G.) ; **MOUTIERS** : 696 hectares (Deutsch-Lux-Bergwerks und Hütten A. G.) ; **VALLEROY** : 886 hectares (Roechling-Saarbrücken) ; **BELLEVUE** : 589 hectares (Lux. und Saarb. Eisenhütten A. G.) ; **BATILLY** : 688 hectares (Thyssen) ; **JOUAVILLE** : 1,031 hectares (Thyssen) ; **ANDERNY-CHEVILLON** : (?) (Thyssen) ; CON-

**FLANS : 820 hectares (Dillinger-Werke) ; LA MOUR-
RIÈRE : (?) (Sambre und Moselwerke).**

Le libéralisme avec lequel les autorités adminis-
tratives françaises traitaient les concessionaires
allemands ne saurait être mieux démontré que par
l'exemple suivant: au début du mois de juillet 1912,
c'est-à-dire une année à peine après l'incident d'Agadir, la firme Thyssen obtenait l'autorisation d'établir,
par-dessus la frontière, un chemin de fer aérien destiné à transporter le minerai extrait en territoire
français dans une usine située en territoire allemand.
Quel Français aurait eu la pensée de demander en
Allemagne une faveur analogue?

Mais voici un exemple plus frappant encore de
l'esprit conciliant du gouvernement français à l'égard
même des entreprises allemandes offrant, par certains
côtés, un caractère politique :

Au commencement du mois de juillet 1910, une
société allemande obtint l'autorisation d'établir à
Brest un poste d'atterrissage pour un câble télégra-
phique sous-marin destiné à relier Brest à Emden.
Cette autorisation se rattachait d'ailleurs à un ensemble de conventions relatives à des objets de même
nature, et dont le *Berliner Tageblatt*, dans la première page de son édition du matin du 4 juillet,
rendit compte à ses lecteurs dans les termes suivants:

**La conclusion du traité relatif aux câbles franco-alle-
mands est étroitement liée aux plans d'une nouvelle
ligne franco-allemande entre Emden et Brest, qui doit**

être exécutée l'an prochain, et dont l'établissement est chose décidée.

J'apprends de source certaine que l'Allemagne utilisera pour ces câbles la ligne qu'elle a achetée en 1889, Emden-Valentia, et qui a été mise hors de service en 1900, lorsque le premier câble transatlantique a commencé à fonctionner. Cette partie existante du câble allemand sera utilisée jusqu'au pas de Calais, et de là la France le prolongera jusqu'à Brest. Par ce câble Emden-Brest, deux stations internationales seront mises en connexion directe. Emden possède, comme on sait, deux câbles allant à New-York et passant par les Açores, un câble allant à Vigo, Ténériffe, Monrovia (République de Libéria), qui sera prolongé, au printemps de 1911, jusqu'à Pernambuco. Brest dispose à lui seul de deux câbles avec l'Amérique du Nord et d'un câble qui va à Dakar.

Le câble Emden-Brest fut mis en service à la fin du mois d'août 1911 — au moment même où la France était la plus fondée à se plaindre de la tournure prise par les négociations consécutives à l'envoi d'un bateau allemand à Agadir. Il ne fut coupé qu'au début de la guerre actuelle.

On a protesté bruyamment, à l'époque, en Allemagne contre les modifications et spécifications introduites en 1910 dans le tarif douanier français. Mais on oublie de dire à Berlin que ces modifications n'ont fait que suivre une réforme douanière bien autrement restrictive et protectionniste votée antérieurement par le Reichstag ; que, malgré tout, le commerce allemand d'importation en France n'a fait que s'accroître, et qu'en 1913 il a dépassé *huit cents millions de francs.*

B. — Au point du vue colonial, il n'est pas moins faux de prétendre que la France ait mis volontairement obstacle aux aspirations de l'Allemagne.

C'est le contraire qui est vrai.

On en trouve la preuve dans des documents et des faits émanant de l'Allemagne elle-même.

De 1871 jusqu'à l'avènement de Guillaume II, l'entente est pour ainsi dire ininterrompue entre Paris et Berlin sur le terrain colonial. Le prince de Bismarck, visiblement, s'efforce de détourner de la frontière de l'est l'attention douloureuse de la France. En Tunisie, en Egypte, au Tonkin, au Maroc, on retrouve unis les deux belligérants de la veille.

Dans son récent ouvrage sur la *Politique allemande,* l'ex-chancelier de Bülow parle en ces termes de cette entente :

En tout cas, écrit-il, l'activité coloniale de la France prouve la rapidité et l'intensité avec laquelle son esprit d'entreprise refleurit immédiatement après le cataclysme de 1870 pour tenter un relèvement national dans la direction qui restait ouverte et que l'Allemagne lui laissa ouverte A DESSEIN en Tunisie comme au Tonkin (1).

Sur la question marocaine elle-même, dont l'Allemagne devait faire plus tard un sujet de si vives récriminations contre la France et sur laquelle nous reviendrons, l'accord entre les deux diplomaties n'est pas moins parfait à l'époque bismarckienne.

---

(1). Page 98 de l'édition française, revue et corrigée par l'auteur lui-même.

Au printemps de 1880, une conférence doit se réunir à Madrid, pour régler la question de la protection 'consulaire et diplomatique dans l'Empire chérifien. Le comte de Saint-Vallier, ambassadeur de France à Berlin, mande à M. de Freycinet, ministre des Affaires étrangères :

Berlin, le 23 avril 1880.

Le prince de Hohenlohe m'a dit être spécialement chargé de me déclarer que, l'Allemagne n'ayant point d'intérêts au Maroc, son délégué aurait l'instruction de régler son attitude d'après celle de son collègue de France ; des ordres en ce sens vont être envoyés au comte de Solms.

SAINT-VALLIER [1]

En 1882, M. de Bismarck donne son approbation à une action militaire commune de la France et de l'Angleterre sur le canal de Suez. En retour, le représentant de la France auprès du Khédive appuye la demande formulée dans une note du 11 décembre 1884 par l'Allemagne et la Russie et tendant à obtenir la nomination d'un délégué allemand et d'un délégué russe à la Commission de la Caisse de la Dette égyptienne.

A la conférence qui règle à Berlin, en 1885, le statut des grands fleuves africains et détermine le bassin conventionnel du Congo, l'accord des deux

---

(1). Pièce n° 18 du *Livre jaune* intitulé : *Question de la protection diplomatique et consulaire au Maroc.*

diplomaties française et allemande s'affirme encore. L'expédition française au Tonkin ne soulève pas davantage d'objections du côté allemand.

Jusqu'à la démission du prince de Bismarck, l'Allemagne officielle affecte de dédaigner les acquisitions territoriales hors d'Europe, et d'abandonner ces conquêtes à la France. M. de Bismarck dit : « Il faut laisser le sable africain à gratter au coq gaulois ».

Ce n'est que quelques années après l'avènement de Guillaume II, que les tendances générales de la politique allemande se modifient. Le vote de la première grande loi navale obtenu du Reichstag en 1893, l'ère de la politique mondiale s'ouvre : « Notre avenir est sur l'eau, dit l'empereur ».

Cependant pas plus à partir de ce moment qu'antérieurement, la France ne manifeste d'hostilité contre les projets de l'Allemagne. Elle en favorise au contraire à plusieurs reprises la réalisation. Exemples :

1° En 1895, elle agit de concert |avec l'Allemagne et avec la Russie pour empêcher un démembrement de la Chine par le Japon, et la flotte française de l'amiral de Beaumont croise dans les eaux chinoises, *pour une action éventuelle commune*, en même temps que la flotte allemande ; 2° En 1900, à la suite de l'insurrection des Boxers et de l'assassinat du baron de Ketteler, ministre d'Allemagne à Pékin, une intervention armée des Etats européens est décidée ; non seulement la France accepte d'y collaborer en accord avec la chancellerie impériale, mais encore elle consent que le corps expéditionnaire international soit placé sous le commandement du maréchal de Waldersée.

Au cours de cette même année 1900 s'ouvre à Paris cette Exposition universelle qui consacre aux yeux du monde le relèvement pacifique de la France. L'Allemagne y a été invitée et y participe officiellement dans des conditions particulièrement flatteuses pour son amour-propre. L'emplacement qui lui avait été réservé lui permet d'édifier un palais assez vaste pour que quatre salles soient consacrées à Frédéric le Grand. L'inauguration a lieu le 15 mai. « Après la visite du palais, raconte le *Temps* du 17 mai, visite au cours de laquelle une musique a joué l'hymne national allemand et la *Marseillaise,* les invités ont pris part à un lunch, au buffet qui avait été installé au rez-de-chaussée. »

Est-ce là le fait d'un peuple systématiquement hostile à l'Allemagne ?

La *Gazette de Cologne* elle-même, si peu bienveillante pourtant à l'égard de la France, ne le pensait alors pas :

Maintenant, écrivait-elle, que les pertes de la France sont plus que compensées par les riches acquisitions dans d'autres parties du monde, les citoyens se rendent compte peu à peu que, dans la situation internationale, elle n'a pas besoin de vivre en perpétuelle mésintelligence avec sa voisine, l'Allemagne. C'est pourquoi l'empire allemand est de nouveau représenté à l'Exposition actuelle et que des milliers d'Allemands s'apprêtent à rendre visite à cette fête de la paix...

Quelques mots du Maroc.

Nous avons vu plus haut comment, dès 1880, l'Allemagne, spontanément, avait reconnu le caractère spécial des intérêts français au Maroc.

A la suite d'accords successifs intervenus entre l'Angleterre et la France en 1890, 1898 et 1899, l'ancienne rivalité qui avait séparé ces deux pays avait perdu en Afrique plusieurs de ses causes principales. Pour arriver à l'entente complète, il restait à régler le sort de deux contrées : l'Egypte et le Maroc.

Ce fut l'objet des conventions signées à Londres le 8 avril 1904. Leurs clauses essentielles peuvent se résumer ainsi : sous certaines réserves d'ordre économique, la France acceptait l'état de fait créé en Egypte par l'occupation anglaise ; l'Angleterre, par contre, laissait les mains libres à la France au Maroc.

L'Allemagne, à cette époque, n'avait aucun intérêt spécial au Maroc ; son commerce y atteignait à peine 9 % de l'ensemble du commerce de l'empire chérifien [1].

---

(1) Voici quels étaient, pour l'année 1901, et pour les huit ports ouverts, les chiffres des importations et exportations des divers pays.

	Importations		Exportations
France.........	13.001.781	....	5.275.697
Angleterre......	23.555.556	....	9 484.388
Espagne........	624.703	....	8.821.731
Autriche.......	1.069.539	Egypte.........	1.703.732
Belgique.......	2.215.338	Etats-Unis.......	2.745.772
Allemagne.....	3.442.842	Allemagne........	2.986.676
Italie.........	132.999	Italie...........	1.315.878
Pays-Bas......	61.600	Tripoli et Turquie..	30.904
Portugal......	4.725	Portugal	420 840
Totaux...	44.109.083		32.791.618

La France, au contraire, avait avec le Maroc une
frontière commune, non délimitée depuis 1845, de
plus de mille kilomètres; un droit de poursuite sur le
territoire marocain ; mais, surtout, le voisinage d'un
foyer de fanatisme, dangereux en raison du nombre
des indigènes algériens, créait au gouvernement le
devoir de s'entendre 'avec le gouvernement britannique sur la question marocaine.

Cette situation particulière de la France était tellement évidente qu'au lendemain de la publication des
accords franco-anglais, le chancelier de Bülow la
reconnut lui-même, le 12 avril 1904, au Reichstag
dans des termes dont voici la traduction littérale *in
extenso :*

**Nous n'avons, dit M. de Bulow, aucune raison de
croire que l'accord franco-anglais montre les cornes
à aucune autre puissance. Ce qui paraît exister, c'est
la tentative de supprimer les différends qui existent
entre la France et l'Angleterre par le moyen d'un ac-
commodement à l'amiable. Là contre, nous n'avons
rien à objecter au point de vue des intérêts allemands.**

**En ce qui concerne la partie capitale de cet accord,
c'est-à-dire le Maroc, nos intérêts dans ce pays, comme
en général dans la Méditerranée, sont d'ordre principa-
lement économique. Nous avons, nous aussi, grand
intérêt à ce que l'ordre et la paix règnent dans ce pays.
D'autre part, nous n'avons aucun motif de craindre
que nos intérêts économiques soient mis à l'écart ou
reçoivent une atteinte du fait d'une puissance quel-
conque.**

Mais à la suite d'une campagne de la presse pangermaniste, qui représentait le règlement franco-anglais comme une tentative d'encerclement de l'Allemagne, l'attitude du gouvernement impérial se modifia.

Il était d'une évidence aveuglante que ce prétendu encerclement n'existait que dans l'imagination des polémistes : la France avait réglé avec l'Angleterre une question franco-anglaise. Pourquoi aurait-elle appelé l'Allemagne à ce règlement? Si elle l'avait fait, n'aurait-elle pas aliéné l'indépendance de sa politique extérieure ? Enfin, quelle aurait été, au regard de l'histoire comme devant l'opinion de leur pays, la position des hommes d'Etat français qui auraient recherché; pour régler une question nationale aussi essentielle, l'autorisation préalable du cabinet impérial ?

Cependant, l'Allemagne étant peu à peu revenue sur le point de vue exposé le 12 avril 1904 par M. de Bülow, la France accepta une conférence européenne des signataires de la convention de Madrid pour un nouvel examen de la question marocaine.

Seulement, la thèse française était si juste, la situation particulière de la France par rapport à l'empire chérifien offrait un tel caractère d'évidence, que le gouvernement allemand dut accepter, comme condition de la conférence, la reconnaissance préalable de cette situation.

C'est ce qu'établit péremptoirement la lettre suivante qui constate l'accord intervenu à ce sujet :

M. Rouvier, Président du Conseil, Ministre des Affaires étrangères, à S. E. S. le prince Radolin, amassadeur d'Allemagne à Paris.

Paris, 8 juillet 1905.

Le Gouvernement de la République s'est convaincu, par les conversations qui ont eu lieu entre les représentants des deux pays, tant à Paris qu'à Berlin, que le Gouvernement impérial ne poursuivrait, à la conférence proposée par le sultan du Maroc, aucun but qui compromît les légitimes intérêts de la France dans ce pays ou qui fût contraire aux droits de la France résultant de ses traités ou arrangements et en harmonie avec les principes suivants :

Souveraineté et indépendance du sultan ;‘

Intégrité de son empire ;

Liberté économique, sans aucune inégalité ;

Utilité de réformes de police et de réformes financières dont l'introduction serait réglée, pour une courte durée, par voie d'accord international ;

Reconnaissance de la situation faite à la France au Maroc, par la contiguïté, sur une vaste étendue, de l'Algérie et de l'Empire chérifien, et par les relations particulières qui en résultent entre les deux pays limitrophes, ainsi que par l'intérêt spécial qui s'ensuit pour la France à ce que l'ordre règne dans l'Empire chérifien.

En conséquence, le Gouvernement de la République laisse tomber ses objections premières contre la conférence et accepte de s'y rendre.

La France a d'ailleurs donné, toujours à propos du Maroc, d'autres preuves de l'esprit conciliant avec lequel elle envisageait l'expansion allemande : en 1909,

elle s'est engagée à encourager et à aider officiellement les associations d'entrepreneurs français et allemands, et les essais loyaux qu'elle fit pour appliquer
l'accord intervenu à ce sujet n'ayant pas, par suite des
tendances de la diplomatie allemande à donner un
caractère politique à ces essais (1), abouti à des résul-
tats satisfaisants, elle consentit en 1911, après une
intervention injustifiée, à indemniser l'Allemagne du
manque à gagner imaginaire dont elle se plaignait.
De vastes et riches territoires, pris sur le Congo français,
et dont deux pointes aboutissent au fleuve Congo,
vinrent s'agglomérer à la colonie allemande du
Cameroun.

Il serait oiseux de rappeler les détails, connus de
tous, des négociations qui aboutirent à cette cession,
et quelles inquiétudes elles jetèrent en Europe.

Mais n'est-on pas en droit de conclure que la France
n'a jamais apporté de parti pris hostile dans les négociations qu'elle a engagées avec l'Allemagne sur le
terrain colonial?

---

(1) Exemple : le gouvernement allemand demandait non seulement
que la construction des chemins de fer marocains fût exécutée par
des entreprises où les Allemands seraient intéressés, ce qui était
conforme aux accords, mais encore qu'une portion du personnel
de ces chemins de fer, proportionnelle au capital allemand, fût
choisie parmi des Allemands, ce qui revenait à mettre un grand
service public sous un contrôle étranger.

En Turquie d'Asie.

Personne n'ignore que l'Allemagne a toujours poursuivi le dessein « d'ouvrir à la civilisation » et de coloniser la région de l'Asie qui fait partie de l'Empire ottoman. Il y a toute une littérature allemande sur les « droits » de l'Allemagne — droits ethniques, politiques, économiques — en Asie Mineure.

Malgré son rôle glorieux dans le passé de l'Orient, la France n'a jamais cherché à empêcher l'Allemagne d'y développer ses intérêts. Le gouvernement français s'est seulement attaché, comme c'était son devoir, à sauvegarder les droits acquis de la France, et à s'opposer *à ce que les forces financières françaises, par des liaisons d'intérêts compromettantes, pussent servir des fins politiques allemandes contraires aux intérêts essentiels français.*

Telle a été sa ligne de conduite, notamment dans la fameuse affaire du « chemin de fer de Bagdad ».

Ce point de vue était d'ailleurs d'une telle justesse, et la bonne volonté de la France à s'entendre, sur le terrain de la politique mondiale, avec l'Allemagne, si évidente, que, *quelques mois avant la guerre actuelle, un accord était intervenu entre les deux pays précisément au sujet de cette question des chemins de fer de la Turquie d'Asie.*

Les négociations avaient commencé à Paris, après la première guerre balkanique.

La Turquie avait cédé une grande partie de ses ter-

ritoires européens aux Etats des Balkans; par suite
une notable portion des « revenus concédés » disparais-
sait. Comme un tantième des excédents de ces revenus
servait de gage à la garantie d'intérêt accordée au
chemin de fer de Bagdad, un règlement nouveau s'im-
posait; des ressources nouvelles devenaient nécessaires. L'élévation du tarif des douanes de l'empire
ottoman était proposée. Mais cette élévation devant
être acceptée par toutes les puissances bénéficiaires
des capitulations ou de traités spéciaux, le consen-
tement de la France devait être obtenu.

Le gouvernement français mit toute la bonne volonté possible à engager la conversation : des sociétés
françaises étant concessionnaires d'un réseau ferré
dans le nord de l'Asie Mineure et en Syrie, il demandait seulement qu'en retour d'avantages nouveaux et
de la consolidation d'avantages anciens accordés à la
société de la « Bagdadbahn », des avantages, notamment sous forme de lignes de raccordements, fussent
consentis aux sociétés françaises par les groupes allemands.

Une première convention étant intervenue le 4 septembre 1913 entre groupes français et allemands, mais
n'ayant pas été jugée satisfaisante, les négociations
reprirent.

*Ces négociations aboutirent à un accord franco-
allemand qui fut paraphé le 15 février 1914 par les
représentants des deux gouvernements.*

Il devait être rendu exécutoire dès que des négociations connexes à la même question auraient abouti

entre la France et la Turquie, entre l'Angleterre et l'Allemagne, etc.

La presse et l'opinion allemandes exprimèrent leur satisfaction de l'accord intervenu.

Comment peut-on dire de bonne foi, du côté allemand, que la France gênait intentionnellement l'expansion de l'Allemagne dans le monde ?

❧❀❀❀☙

La « place au soleil ».

La vérité c'est que depuis trente ans, et surtout depuis 1893, un parti colonial s'est développé en Allemagne qui a compté sur l'armée allemande pour exiger, par la menace et au besoin à coups de canon, *un empire colonial qui fût à la dimension de la puissance allemande.*

« Nous n'avons pas la politique de notre force, disait ce parti. » Et les pangermanistes lui faisaient écho.

Il y a, dans l'histoire de l'Allemagne, une disgrâce : c'est qu'elle est arrivée trop tard dans le partage du monde.

Mais de cette disgrâce, est-ce que la France peut être rendue responsable ?

La prétention de l'Allemagne de vouloir réparer le temps perdu au détriment de l'empire colonial de la France ne choque donc pas seulement les notions les plus élémentaires du droit ; *elle menacerait encore, si elle pouvait jamais triompher, la situation de tous les Etats, comme le Portugal, la Hollande ou la Belgique, dont les possessions coloniales seraient estimées par les hommes d'Eta ou les publicistes allemands disproportionnées avec leur volume de puissance en Europe.*

Vainement, pourrait-on objecter en Allemagne que des cessions de territoires coloniaux ont été autrefois obtenues par la force au détriment de certains Etats et au profit de certains autres.

En quoi consisterait donc le progrès de la morale et de la civilisation, sinon à substituer le régime du droit à celui de la spoliation à main armée ? Comment ne pas reconnaître que ce progrès suppose une sorte de *prescription historique,* mère de la paix international, comme la prescription du droit civil privé est la mère de la propriété et de la sécurité au sein des nations ?

Il n'est donc pas douteux qu'en projetant de s'approprier une partie du domaine extraeuropéen de la France, l'Allemagne a sciemment obéi à un mobile contraire au droit des nations, à la morale et à la civilisation. Et il lui est impossible de nier aujourd'hui qu'un tel mobile n'ait été parmi ceux qui l'ont poussée à une guerre d'agression. Le rapport fait par sir E. Goschen, ambassadeur britannique à Berlin, d'un entretien qu'il eut le 29 juillet 1914 avec le chancelier de Bethmann-Hollweg ne laisse aucun doute à cet égard.

Si la neutralité de la Grande-Bretagne était assurée, son Gouvernement recevrait toutes les assurances que le Gouvernement impérial n'avait pour but aucune acquisition territoriale aux frais de la France, en supposant que la guerre s'ensuivît et qu'elle se terminât à l'avantage de l'Allemagne.

J'ai posé, continue Sir E. Goschen, à Son Excellence une question au sujet des colonies françaises. Il me répondit qu'il ne pouvait s'engager d'une manière semblable à cet égard (1).

L'Angleterre s'est honorée, en refusant le marché immoral et contraire au droit qui lui était proposé.

❧❋❧

A propos de la " Culture allemande ".

Dans le manifeste signé par 93 « notabilités de la science et de l'art allemands », le militarisme allemand est représenté comme le bouclier nécessaire de la « culture germanique ». La France, laissent donc entendre ces mêmes notabilités, nourrirait des desseins hostiles à cette « culture ».

Une pareille accusation fera sourire tous les étrangers qui se sont tenus au courant du mouvement intellectuel de la France.

Est-il utile de rappeler que les savants, les littérateurs et les artistes français ont, depuis des siècles,

---

(1) *Livre bleu* anglais, pièce n° 85.

tenu à honneur d'étudier les productions de l'Allemagne et de leur rendre hommage. Leibnitz, Gœthe, Schiller, Kant, tous les poètes et tous les philosophes de l'Allemagne ont trouvé en France des commentateurs et des admirateurs si nombreux qu'ils furent accusés souvent d'avoir créé un snobisme germanophile.

. Depuis l'année 1824, au cours de laquelle Habeneck, un bon Français d'Hazebrouck, fit connaître la sixième symphonie de Beethoven, la musique allemande a trouvé, à Paris d'abord, puis dans toute la province, des interprètes et des auditeurs non seulement fervents, mais fanatiques et exclusivistes.

La guerre de 1870, le démembrement de la France, ont à peine interrompu ce mouvement vers la « culture » allemande. Dès 1875, des notabilités françaises, comme le marquis de Chambrun, M. Catulle Mendès, assistaient aux représentations de Bayreuth, les faisaient connaître en France et y attiraient un public français de plus en plus nombreux. Les opéras de Wagner — malgré une brochure injurieuse publiée par le musicien, en 1871, contre la France — ont été montés et applaudis à Paris, depuis 1887, d'innombrables fois. Le 2 janvier 1914, l'Opéra représentait le *Parsifal* devant une salle où se trouvait réunie l'élite de la société parisienne. M. Richard Strauss, compositeur, M. Weingartner, chef d'orchestre, justement estimés d'ailleurs en Allemagne, ont reçu en France le plus flatteur accueil et ont été décorés de l'ordre national de la Légion d'honneur.

Tous les étrangers qui ont séjourné à Paris peuvent encore témoigner que les programmes de nos grands concerts symphoniques, aussi bien que ceux de nos séances de musique de chambre, sont composés, en grande partie, d'œuvres allemandes.

Quant à la philosophie et à la science allemandes, elles ont tenu, en France, depuis trente ans, une grande place dans l'enseignement. Les romanistes Jaehring et Mommsen, le psychologue Wundt, le médecin Wirchow et tant d'autres, qu'il serait fastidieux de nommer, ont été traduits, commentés et.... imités. Des auteurs dramatiques, comme M. Sudermann ou M. Gerhardt Hauptmann, ont vu leurs œuvres consacrées par des succès parisiens.

D'autre part, la jeunesse studieuse de l'Allemagne a toujours reçu en France le plus large et le plus amical accueil. Certaines universités ont même fait aux étudiants allemands des avantages spéciaux : celle de Grenoble par exemple, qui en comptait plusieurs centaines et dont le docteur Paul von Salvisberg, directeur des *Hochschulnachrichten*, a pu écrire :

Depuis de nombreuses années, l'Université de Grenoble a pris des dispositions avantageuses pour permettre particulièrement aux juristes allemands de se livrer à l'étude des langues sans interrompre pour cela l'étude du droit. Les Conseils universitaires allemands sont d'accord avec cette combinaison et ils permettent de compter les semestres passés à Grenoble dans des conditions déterminées. A Grenoble même, l'Université s'applique à offrir aux étudiants étrangers de nombreux agréments. Un Comité de patronage des

étudiants étrangers s'est mis à leur disposition pour leur faciliter leurs études, leur fournir l'occasion de visiter les curiosités de la ville, de faire des excursions dans les merveilleuses montagnes du Dauphiné, et pour leur assurer des prix de faveur et d'autres avantages. Dans les Universités allemandes, il n'y a rien de semblable.

Comment les intellectuels de l'Allemagne peuvent-ils affecter de croire que, sans l'appui d'une armée d'un million de soldats, la « culture » allemande pourrait être menacée par la France ?

M. Ed. Chapuisat, un Suisse éminent, dont l'impartialité ne pourra pas être soupçonnée, a donc pu répondre aux « intellectuels » allemands :

En ce qui concerne la France, je vous l'affirme, vous tombez dans une erreur assez amusante. Jamais la France ne fit autant d'efforts, d'efforts loyaux, désintéressés, pour comprendre vos diverses attitudes philosophiques, ou vos conceptions historiques. Prenez, je vous prie, le sommaire des thèses de Facultés de ces dix dernières années, et dites-moi si, au contraire, la jeunesse française cultivée, avec son intelligence souvent brillante et toujours perspicace, n'a pas scruté l'âme de vos penseurs avec une méthode et une lucidité que la jeunesse allemande peut lui envier.

La France et Guillaume II.

Ce n'est pas seulement dans l'histoire des rapports normaux et administratifs entre gouvernements français et allemand que l'on peut trouver d'innombrables preuves de l'esprit conciliant de la France.

A l'égard même du souverain allemand, de ses initiatives personnelles et de ses interventions, l'opinion et le gouvernement français n'ont jamais manifesté cette hostilité dont on a parlé en Allemagne.

C'est le contraire, ici encore, qui est la vérité.

En 1890, l'empereur Guillaume II proposa la réunion à Berlin d'une conférence internationale ayant pour objet l'examen de certaines questions ouvrières.

La France accepta, et s'employa amicalement à faire renoncer le gouvernement fédéral suisse à une proposition semblable qu'il avait antérieurement lancée.

A cette conférence, la France délégua ses spécialistes les plus éminents, notamment M. Jules Simon, ancien ministre, dont les travaux de sociologie faisaient universellement autorité M. Jules Simon, dans un article qui parut le 1er août 1894 dans la *Revue de Paris*, s'exprima sur le compte de l'empereur dans les termes es plus aimables.

Au cours de cette conférence, un événement sensationnel survint. Le prince de Bismarck, à la suite de dissentiments avec l'empereur, dont tout le monde

se rappelle les éclats, donna sa démission de chancelier. Il se produisit alors un incident qui montre bien
la correction de l'attitude de la France.

Quelques jours avant la conférence, M. de Bismarck
proposa à l'ambassadeur de France à Berlin de faire
échouer l'initiative de son maître en déclinant l'in-
vitation. L'ambassadeur ayant refusé, M. de Bismarck
revint quelques jours après demander que la France
envoyàt comme délégués quelques-uns de ses plus fins
jurisconsultes et « débaters » avec mandat de faire
échouer et avorter les discussions par d'insidieuses
embûches. Il ne tenait qu'à la France de dénoncer
au monde la bassesse de son ennemi de 1870 et
d'infliger une humiliation au jeune empereur. Non
seulement, M. de Bismarck fut éconduit, mais l'incident
ne fut jamais rendu public par le gouvernement
français[1].

Cinq ans après, en 1895, l'empereur Guillaume II,
voulant donner à l'inauguration du canal de Kiel une
solennité inusitée, invita les flottes de toutes les puissances à y participer. La France envoya une escadre,
sous les ordres de l'amiral Ménard.

Or, cette même année, et tandis que les flottes
allemande et française croisaient de conserve dans les
eaux d'Extrême-Orient, en vue d'une action com-

[1] V. *L'Allemagne et la France en Europe* par P. Albin. p. 193. Les
faits rapportés dans ce passage de l'ouvrage n'ont jamais été démentis
en Allemagne. Les manœuvres de Bismarck contre la Conférence et
contre Guillaume II ont 'ailleurs été racontées par le prince Clovis de
Hohenlohe dant ses *Mémoires*.

mune [1], l'Allemagne officielle, sur l'ordre de son empereur, célébrait avec une publicité bruyante et une répétition obsédante l'anniversaire des défaites françaises en 1870. Ces célébrations avaient même pris une allure si offensante et tapageuse que l'ambassadeur de France et le personnel diplomatique et consulaire français en Allemagne étaient obligés de se confiner dans leurs résidences.

Le 27 janvier 1896, fête anniversaire de la naissance de l'empereur Guillaume II, une représentation de gala donnée à l'Opéra de Berlin célébra de nouveau les victoires de 1870. Le tableau apothéose final figurait l'entrée des troupes prussiennes à Paris; on y voyait un immense aigle impérial allemand s'acharnant à coups de bec sur un aigle impérial français, dont les plumes arrachées allaient se répandre dans la salle où se trouvait par obligation professionnelle, en sa qualité de doyen du corps diplomatique, l'ambassadeur de France.

Tout le monde sait d'ailleurs que, quelle que fût la situation internationale, quel que fût l'état des rapports avec la France, l'Allemagne officielle comme le public allemand ont toujours fêté avec le même éclat bruyant le *Sedantag*, ou jour anniversaire de la capitulation de l'armée française à Sedan (2 septembre 1870).

Est-il besoin d'ajouter que jamais, en France, on a eu même la pensée de commémorer ainsi l'une quel-

---

(1) V. plus haut, p. 30.

conque des nombreuses défaites infligées à la Prusse
par la France au cours des guerres de la Révolution
et de l'Empire ?

L'empereur Guillaume II est personnellement intervenu, à plusieurs reprises, soit directement, soit par
d'obligeants intermédiaires, pour obtenir la partici-
pation d'artistes français à des Expositions de beaux-
arts en Allemagne. L'accueil le plus courtois a toujours été réservé à ces initiatives, et tous les étrangers
qui ont visité nos Salons de peinture des Champs-
Elysées peuvent témoigner de la large hospitalité qu'y
ont toujours rencontrée ces artistes allemands dont
quelques-uns approuvent aujourd'hui la destruction
de la cathédrale de Reims ou de l'hôtel de ville
d'Arras.

A l'égard même des membres de la famille impériale
qui ont manifesté les sentiments les plus hostiles
envers la France, l'attitude du gouvernement français
a toujours été non seulement correcte, mais courtoise
et aimable. C'est ainsi qu'au mois de mai 1905, une
délégation composée d'officiers, et à la tête de laquelle
avait été placé le général de Lacroix, fut envoyée à
Berlin pour représenter la France aux fêtes données à
l'occasion du mariage du Kronprinz avec la duchesse
Cécile de Mecklembourg-Schwerin. Et ces fêtes sui-
vaient de quelques mois seulement la visite faite à
Tanger par Guillaume II, pour inaugurer la politique
de menace qui devait aboutir au « coup » d'Agadir et
à la guerre actuelle !

L'année dernière encore, le colonel von Winterfeldt, attaché militaire à l'ambassade d'Allemagne à Paris, ayant été victime d'un accident d'automobile aux manœuvres d'automne de l'armée française fut l'objet, à Grisolles (Haute-Garonne), où il avait été transporté, de soins si dévoués et d'attentions si délicates que l'empereur Guillaume II récompensa à deux reprises un certain nombre de personnalités françaises en leur attribuant des distinctions honorifiques. Le colonel von Winterfeldt, lui-même, reçut, le 26 juin 1914, du Gouvernement français la croix de Commandeur de la Légion l'honneur.

*

En résumé, depuis quarante-trois ans, dans ses rapports avec l'Allemagne, la France n'a cessé de faire preuve d'un esprit conciliant et sincèrement pacifique :

Malgré l'abus de la force dont elle avait été victime en 1871, elle a toujours exécuté loyalement, dans son esprit et dans sa lettre, ce traité de Francfort qui lui avait arraché deux provinces ;

Elle n'a accru sa puissance militaire que dans la mesure où cet accroissement était nécessité par sa défense et toujours à la suite d'un nouvel et préalable accroissement de la puissance militaire de l'Allemagne ;

Elle n'a conclu d'alliance ou lié d'amitiés que dans le but de lutter contre la tendance à l'hégémonie de l'Alle-

magne, et en vue d'assurer en Europe un état de paix et d'équilibre qui garantît à elle-même comme à toutes les nations, grandes ou petites, l'exercice de ces droits primordiaux qui ne se mesurent ni à la superficie, ni au chiffre de la population ;

Elle n'a jamais mis d'obstacle systématique à l'expansion allemande dans le monde ; elle le prouvait quelques mois encore avant la guerre en signant à Berlin un accord relatif à la Turquie d'Asie ;

Elle a été accueillante, sur son territoire, aux Allemands comme à tous les autres étrangers, et il est puéril d'affecter de croire que la « culture allemande » fût menacée par elle ;

Dans tous les incidents qu'a pu faire naître son voisinage avec l'Allemagne, c'est de son côté qu'on a trouvé l'esprit de conciliation.

La France attend avec sérénité le jugement de l'Histoire.

L'Histoire dira que pendant quarante-trois ans, par sa patience, par sa confiance dans le Droit seul pour lui accorder les « réparations légitimes », la France a bien mérité de l'Humanité.

www.ingramcontent.com/pod-product-compliance
Lightning Source LLC
LaVergne TN
LVHW020056090426
835510LV00040B/1695